¡Splish! ¡Splash!

Un libro sobre la lluvia

por **Josepha Sherman**   ilustrado por **Jeff Yesh**
Traducción: Sol Robledo

Agradecemos a nuestros asesores por su pericia, investigación, conocimientos y asesoramiento:

Mary W. Seeley, Ph.D., Profesora de Meteorología y Climatología
Departament of Soil, Water, and Climate
University of Minnesota, St. Paul

Mike Graf, M.A., Instructor de Desarrollo Infantil
Chico (California) State University

Susan Kesselring, M.A., Alfabetizadora
Rosemount-Apple Valley-Eagan (Minnesota) School District

PICTURE WINDOW BOOKS
Minneapolis, Minnesota

Dirección ejecutiva: Bob Temple
Dirección creativa: Terri Foley
Redacción: Sara E. Hoffmann, Michael Dahl
Asesoría editorial: Andrea Cascardi
Corrección de pruebas: Laurie Kahn
Diseño: Nathan Gassman
Composición: Picture Window Books
Las ilustraciones de este libro se crearon con medios digitales.
Traducción y composición: Spanish Educational Publishing, Ltd.
Coordinación de la edición en español: Jennifer Gillis/Haw River Editorial

Picture Window Books
5115 Excelsior Boulevard
Suite 232
Minneapolis, MN 55416
1-877-845-8392
www.picturewindowbooks.com

Impreso en los Estados Unidos de América.

Library of Congress Cataloging-in-Publication Data
Sherman, Josepha.
[Splish, splash! Spanish]
¡Splish! ¡splash! : un libro sobre la lluvia / por Josepha Sherman ;
ilustrado por Jeff Yesh ; traducción, Sol Robledo.
p. cm. — (Ciencia asombrosa)
Includes bibliographical references and index.
ISBN-13: 978-1-4048-3232-9 (library binding)
ISBN-10: 1-4048-3232-7 (library binding)
ISBN-13: 978-1-4048-2539-0 (paperback)
ISBN-10: 1-4048-2539-8 (paperback)
1. Rain and rainfall—Juvenile literature.
I. Yesh, Jeff, 1971- ill. II. Title.

QC924.7.S4818 2007
551.57'7—dc22   2006027210

Contenido

4

¡Splish, ¡splash!

En los charcos de lluvia corren botas, bicis
y patitas de perro. Todo se embarra. Las
calles brillan como espejos. Mira hacia el
cielo y verás las gotas de lluvia que caen
de las nubes grises.

6

Cómo cae la lluvia

La lluvia comienza como gotitas de agua.
Esas gotitas de agua están en las nubes.
Cuando las gotitas de agua chocan entre sí,
se unen, crecen y se vuelven más pesadas.
Después, caen como lluvia de las nubes.

7

El ciclo del agua

La lluvia es parte del ciclo del agua.

El ciclo del agua nunca para.

Empieza cuando la luz solar calienta
el agua de los océanos, lagos y ríos.

Cuando el agua se calienta, una parte se
convierte en vapor. El vapor es aire cargado
de gotitas de agua tan pequeñas que no se
ven. El vapor sube y sube con el aire. Arriba,
se enfría y forma gotitas. Esas gotitas forman
la neblina o las nubes.

9

Las nubes cargan lluvia que cae a tierra.

La lluvia empapa el suelo.

También llega a los océanos, lagos y ríos.

El vapor forma nubes

La lluvia cae al suelo

El agua se vuelve vapor

Una parte del agua se evapora y
el ciclo del agua empieza otra vez.

La lluvia en la Tierra

En casi toda la Tierra llueve.
En los países tropicales el
aire es húmedo. Está cargado
de vapor de agua invisible.
En unas zonas tropicales llueve
todo el año. En otras llueve
con fuerza a veces. Las selvas
crecen mucho con la lluvia.

12

En otras partes, hay desiertos.

Los desiertos son calientes y secos.

En los desiertos casi no llueve.

Cuando llueve, ¡puede ser un chaparrón!

Necesitamos la lluvia

La lluvia nos da agua fresca para beber.
Hace que las plantas y los árboles crezcan,
y nos den frutas y verduras para comer.
La lluvia limpia el aire porque se lleva
el polvo y la mugre.

Báñate, lava tu ropa, ponle hielo a tu vaso.
Toda el agua que usamos viene de la lluvia.

Los peligros de la lluvia

Si llueve mucho, los ríos se desbordan. Los aguaceros pueden inundar las calles y embarrar todo. En las montañas hay derrumbes que entierran casas y bloquean carreteras.

16

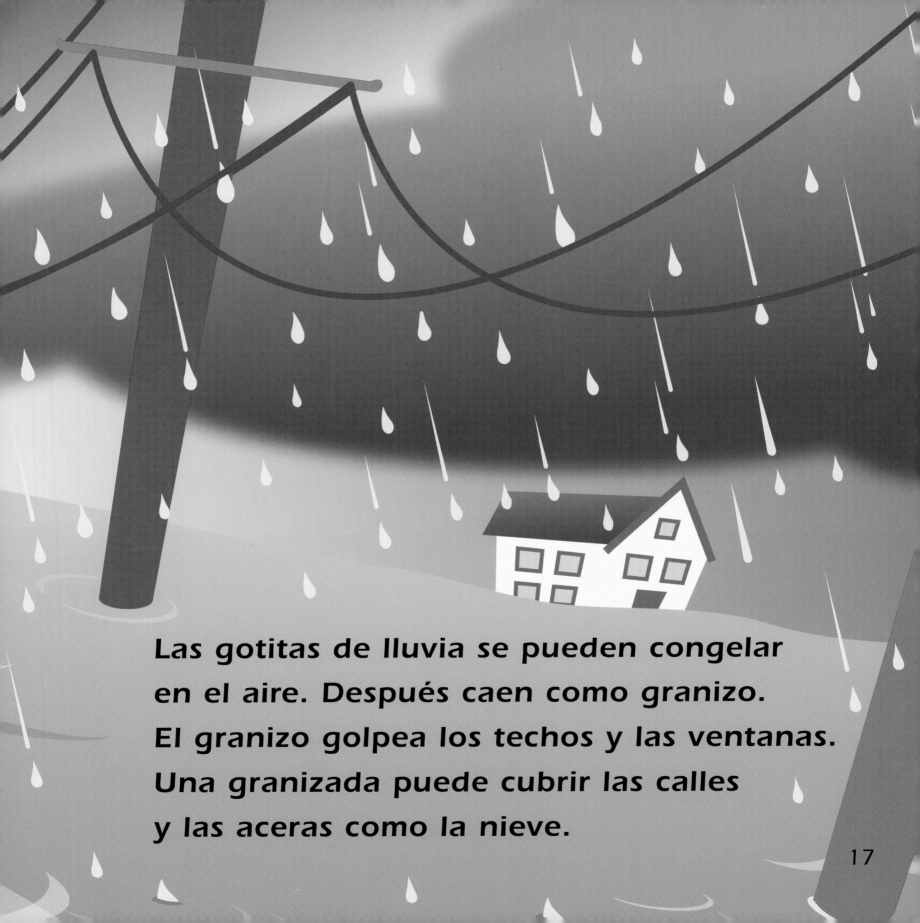

Las gotitas de lluvia se pueden congelar
en el aire. Después caen como granizo.
El granizo golpea los techos y las ventanas.
Una granizada puede cubrir las calles
y las aceras como la nieve.

La sequía

Cuando no llueve por mucho tiempo hay sequía.

Los ríos y los lagos se secan. Las plantas se marchitan y mueren. Sin plantas, los animales no tienen qué comer. En una sequía fuerte, el suelo se vuelve polvo y se cuartea.

¡Splish!

¡Splash!

Tenemos agua en la tina.

El agua de la tina vino
de la lluvia.

El agua con que te lavas la cara y las manos cayó de las nubes. La lluvia nos da agua para beber, para limpiar y para jugar.

Ve el ciclo del agua

Materiales:

- agua
- un vaso de cartón
- una bolsa de plástico para sándwich que se pueda cerrar
- cinta adhesiva

Pasos:

1. Asegúrate de que un adulto pueda ayudarte.

2. Pon un poco de agua en el vaso.

3. Pon el vaso dentro de la bolsa de plástico.

4. Cierra la bolsa.

5. Pega la bolsa con el vaso al interior de una ventana donde dé el Sol. Cuida que no se caiga el agua.

6. Observa la bolsa durante varios días. ¿Qué le sucede al agua cuando le da el Sol? ¿Qué le pasa a la bolsa?

¿Lloverá?

Hay dichos para predecir cuándo lloverá. Son interesantes, pero no siempre son correctos. Abajo verás algunos. ¿Los has oído alguna vez?

- Lloverá pronto sí el Sol o la Luna tienen un halo blanco.

- Cuando las ranas croan mucho, viene una tormenta.

- Si los perros comen pasto, es porque va a llover.

- Si una ardilla guarda muchas nueces, nevará y lloverá mucho el próximo invierno.

- Cuando las vacas se echan en el campo, es señal de lluvia.

Glosario

granizo—gotas de agua congelada que caen al suelo como bolas de nieve

húmedo—lleno de agua. En las zonas tropicales, el aire es tan húmedo que se siente pegajoso.

selva—bosque tropical donde llueve mucho

sequía—sequedad del suelo por falta de lluvia. Una sequía puede ser severa o tan ligera que apenas se nota.

tropical—zona calurosa donde las plantas crecen mucho

vapor—agua en forma de gas que no se ve

Aprende más

En la biblioteca

Marzollo, Jean. *Soy el agua*. Nueva York: Scholastic, 2003.

Nelson, Robin. *¿Dónde hay agua?* Minneapolis, MN: Lerner Publishing, 2003.

Wallace, Karen. *El trompo del tiempo.* Glenview, IL: Scott Foresman/Dorling Kindersley, 2003.

En la red

FactHound ofrece un medio divertido y confiable de buscar portales de la red relacionados con este libro. Nuestros expertos investigan todos los portales que listamos en FactHound.

1. Visite *www.facthound.com*
2. Escriba una palabra relacionada con este libro o escriba este código: 1404800956
3. Oprima el botón FETCH IT.

¡FactHound, su buscador de confianza, le dará una lista de los mejores portales!

Índice

Busca más libros de la serie Ciencia asombrosa:

Copos y cristales: Un libro sobre la nieve
El ojo de la tormenta: Un libro sobre huracanes
¡Juush! ¡Ruum!: Un libro sobre tornados
¡Rambum! ¡Pum!: Un libro sobre tormentas
Sopla y silba: Un libro sobre el viento